바다만
아는
비밀

바다만 아는 비밀

초판 1쇄 발행 2022년 9월 3일

지은이 박은선
펴낸이 장길수
펴낸곳 지식과감성⁺
출판등록 제2012-000081호

교정 서은영
디자인 정한나
편집 정한나
검수 양수진, 이현
마케팅 고은빛, 정연우

주소 서울시 금천구 벚꽃로298 대륭포스트타워6차 1212호
전화 070-4651-3730~4
팩스 070-4325-7006
이메일 ksbookup@naver.com
홈페이지 www.knsbookup.com

ISBN 979-11-392-0606-7(03810)
값 12,000원

- 이 책의 판권은 지은이에게 있습니다.
- 이 책 내용의 전부 또는 일부를 재사용하려면 반드시 지은이의 서면 동의를 받아야 합니다.
- 잘못된 책은 구입하신 곳에서 바꾸어 드립니다.

지식과감성⁺
홈페이지 바로가기

바다만 아는 비밀

박은선 지음

지혜와감정

목차

악마의 종지기 1부

기억의 떨림 11
불멸의 심포니 13
노랑 귀족의 수갑을 끼고 15
시방리 17
악마의 종지기 18
연산홍 19
오늘 봄비 20
잠비 21
지픈맛 23
화홍의 비명 24

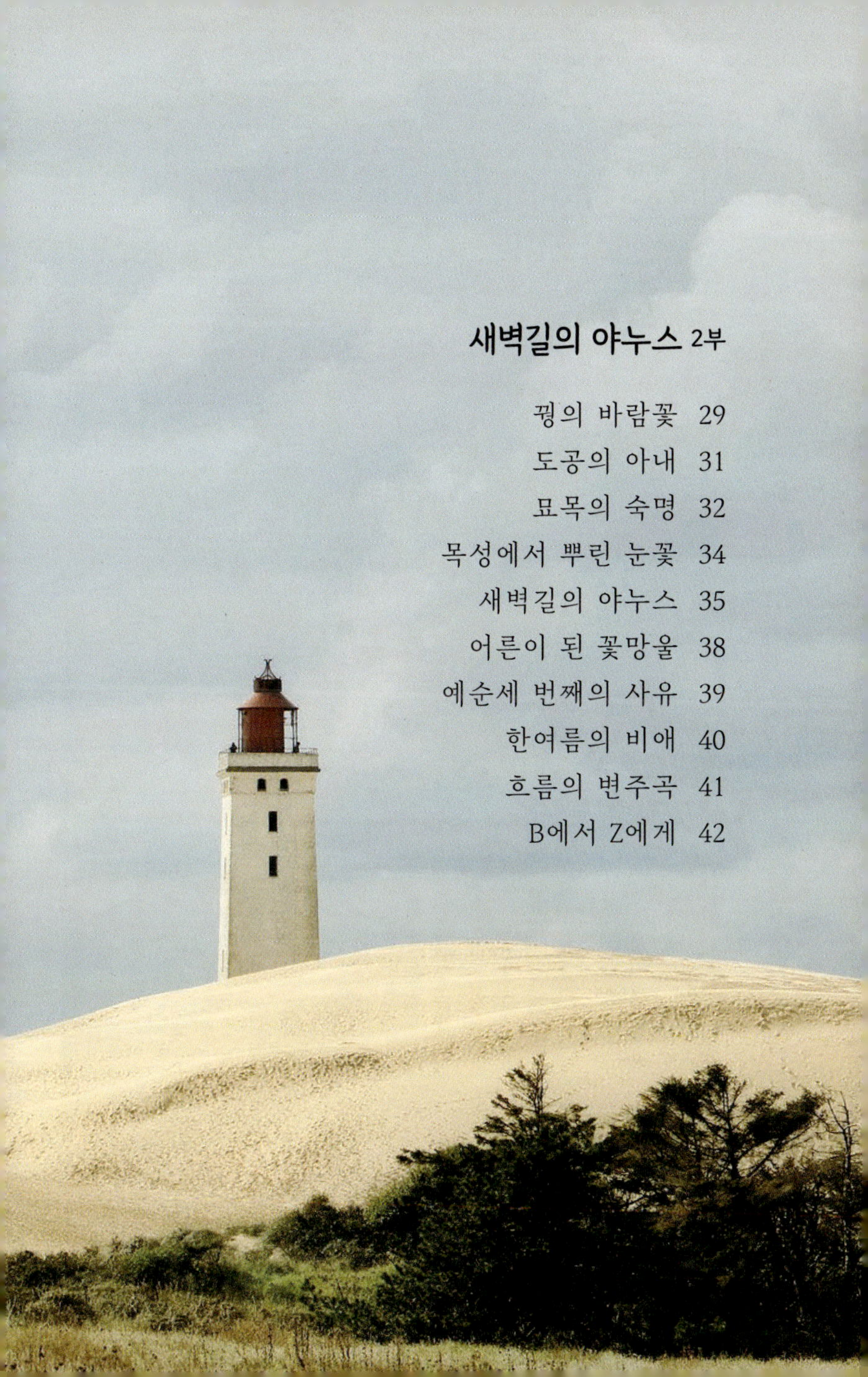

새벽길의 야누스 2부

꿩의 바람꽃 29
도공의 아내 31
묘목의 숙명 32
목성에서 뿌린 눈꽃 34
새벽길의 야누스 35
어른이 된 꽃망울 38
예순세 번째의 사유 39
한여름의 비애 40
흐름의 변주곡 41
B에서 Z에게 42

바다만 아는 비밀 '明鏡' 3부

갑동 배롱나무 47
그리운 숨소리 48
근원 52
노을이 쓸리는 환영 54
바다만 아는 비밀 '明鏡' 56
베론 성지에서 58
어수선한 한숨 59
옥인동 앵두꽃 2 60
입양 61

바다를 닮은 연인 4부

노을꽃 피던 날 65
바다를 닮은 연인 73
바다의 달을 만나기 전 84

육신의 파시를 넘어서 5부

1. 지켜봄 99
- 경식의 書(2) '눈물의 토카다' / 배경식

2. 바라봄 102
- 정독(精讀) / 강형일

3. 느껴 봄 104
- 언니에게 / 박미경

4. 사색해 봄 106
- 색의 발원 / 이현재

5. 멈추어 봄 108
- 집으로 간 보석 / 작가의 말

악마의 종지기 1부

기억의 떨림

파아란 넝쿨은 도시를 무너뜨리고
혼돈의 착각은 성스러운 도시에
이유 없는 흥미로 의지하고 있다

노란 꽃잎 머리 위로 피어날 때
태양을 갉아먹은 눈에 분노가 치솟고
시간의 낭비자는
부풀어 오른 심장을 절구통에 넣는다

그것은 내가 살아 있음의 절규이런가
진정 잊혀진 꽃잎 그 상실의 아픔이런가
넝쿨은 다시 도시를 뒤덮고
그 위에 노란 꽃 해말갛게 피어오른다

파란 꽃잎 별에게 넘쳐흐르고
노란 꽃잎 달에게 지르는 놀람의 함성

불멸의 심포니

아다지오에 걸린 낯설은 한숨 속에
항로에 나선 그을린 60명의 선원들
가난한 일생들이 야심차게
폭풍의 중심을 향해 질주한다

잃어버린 자가 부르는 서곡
광란하며 몰아치는 저력은 소리의 부재

정적이 불러내는 폭풍의 눈을 겨냥해
눈을 찔러
눈만을 찔러
타고난 그림자를 담아서

본디의 숨결이 새하얗게 타오르고
가난한 선원의 야망은 포르테에 오른다
낯설게 다가온 저들의 한숨 속에
포르티시모 넘어 간절히 다가온 고요

바다에 스며드는 그을린 표면

분쇄당한 버거운 생들이 침몰한다
가난도 배부름도 잠식시키는 찬란한 교향곡

---

* 베토벤은 정확히 60알의 원두를 세어 갈아 마신 커피를 통해 '창작의 혼'
을 불살랐다.

노랑 귀족의 수갑을 끼고

피어올라 사라지는 커피를 마시며
깨어나는 태양에 부산하던 발걸음이
테이블 아래 일렬로 선다

태양이 데워지면
또 다시 너를 향해 다가가고
노을이 들어차면
나를 향해 다가가는
발걸음 소리에 귀 기울이고

태양이 붉게 변한 잔파도에
지구는 흔들리고
술렁대는 산등성이에
저 먼 섬 이글대는 지평선이 다가오네

귓전에서 맴도는 삶의 길
차오르는 대지의 심장
환희의 서막을 여는 우리의 여름

시방리

밀어를 쏟아부은 바다 위
소리 없는 천사의 발자국들이 날아다닌다

숲길의 무게를 잠재우고
좀처럼 야윌 것 같지 않은
바람의 거리도 건져 올린 성

매미는 보이지 않고
이방인들이 점령하는 바닷가 집

시방리에선
누구나 성주가 된다

악마의 종지기

너는 악마
나는 악마의 종지기

녹슨 닻 끌리는 소리
365일 잡아끈 숨소리

청량함은 수도사의 귓전에 머물고
공명 소리에 등은 굽어
두 손은 두 발에 가까이 가는 악마의 종지기

연산홍

워메 참말이란 말제
뒷산 마루에 보일 듯 말 듯 내밀었당게
내처 돌아 붉은 물 쫘악 뿌리고
금간 눈물 받아쓰께 다홍치마 펼쳤능가
칠보 두른 은반지 자랑질도 꽃잎에 지고 말제

오늘 봄비

가을을 태우던 열정은
손 때 타올라
분주한 봄비에 추억으로 젖고
옆 동네 보슬비는 새잎 걸러
가을 준비 벌써부터 애즈녘에 하고 있네요

지난해 타들어간 감나무
바람결 빛 쫓아 거름 속으련가
감나무에 걸리운 소삭거린 이야기들
가을이 올 것 같아요

가을을 태우며 겨울을 맞이했던 그 때
감꽃 하얗게 분 오르던 바람 타고
그 시절 기억하는 수목의 정직함이
한껏 양분을 품고 있네요

감꽃 하얗게 분 오르던 바람 타고
떡비 찧고 가을 태우며 겨울을 맞이했던
그 시절 기억하는 수목의 정직함이
마음껏 양분을 품고 있네요

잠비

산자락 비밀을
잠비가 퍼트린다

능선 앉은 바다는
초록 물빛에 하늘거리고
청보리 담근 바다는
황금 물결에 너울대고

홑눈은 물빛 바다에
다리는 물결에 줄을 치고
초록빛 타다가 잃어버린 다리
퍼붓는 해에 노랗게 타버렸다

홑눈도 여덟 개
다리도 여덟 개라고
화병에 꽂은 청보리 있다고

잠비가 온다
잠비 타고 온 황금 바다가 온다

지픈맛

꾸밈이야 수수하다 해도
동백꽃 담아 저를 찾아와요
유창하게 말을 못 해도
해와 달의 세상에서 절 사랑해요

칠 벗겨진 읍내 골목길에서나
네온 반짝이는 대도시 잡화점도
절 초대하느라 분주하고

어쩌다 제 향이 맘에 들지 않아
찡그리는 얼굴도 있지만
천연스레 모른 척하지요

오늘은 B의 식탁에 왔어요
숨겨진 목마름을 위로해 주고
허물어지지 않은 삶에 찬사를 해 드린답니다

난 투명한 푸른 밤
행복한 식탁의 반주자라오

화홍의 비명

종종 편견이 부른 우매함은
바람이 그린 화신조차
하늘로 날리우고 만다

빛이 사그러든 달그림자에
그 가녀린 빛에서도 진동하는 꽃의 외침
부르짖는 여명에 떠는 꽃의 진동

뿌리내린 빈 벽에
사근거리는 화홍의 탄생
세포 하나하나 전율이 솟고

단검처럼 내린 빛에
찔린 허
경이로운 삶의 비명이 바람에 오른다

새벽길의 야누스 2부

꿩의 바람꽃

지극히
낮은 곳에서 바라보는 세상
응달에 깃든
볕 하나 물고 든 바람의 빛깔이 뭘까

시선이 머문 응달에
짊어온 내 청춘은 내리고
허울을 덮은 그림자가 꽃빛으로 온다

꽃에 스며든 바람의 반란
바람은 꽃빛이 되었다

도공의 아내

숨 쉬는 것이 흙만이 아니더라
꽃 피는 것이 저 꽃만이 아니더라
호접몽에 세상사 뒷걸음치다 석란에 걸린 나이

흑옥(黑鈺)의 눈으로 거친 덩어리 긁어내고
청운추월의 백지에 혼이 담긴 싯귀를 초혼하노라

가옥엔 사람보다 작품이라
이름 날린 세상 허방이로다

사랑채 앞마당 못에 떠다니는 부평초일까
가슴 속에 이는 티끌
누루가 놓고 간 눈썹 한 가닥이련가

묘목의 숙명

이제는 내려놓자
슬프게 야윈 모습 보고 싶지 않아
차라리 이별하고자 했어
그만 떠나라고 눈길도 외면한 채
등 그림자를 찾지 않았지
사흘 후 슬쩍 바라보니 입술도 갈라져
눈물 담을 힘조차 보이지 않네

이젠 보내자
보내자꾸나
힘껏 던지려 하니 아둥바둥
근육의 힘보다 야윈 너
파르르 떨면서도 도무지 터를 지키는 강인함
며칠을 굶고도 살아 있을 수 있는 생명의 끈

둥지 벗어난 파 뿌리도 새싹 틔운다는 말 언저리에
부끄러운 손은 이미 이방인
삼 년을 쓸어 주지 않아도 요지부동한 메마른 초록
차마 외면할 수 없는 부끄러움에 물 조리개 뿌리는 마음
이제는 살찌울 수 있으련가

**2019년
청양에서 데리고 온 녹차 씨앗**

목성에서 뿌린 눈꽃

숨소리가 충돌할 때마다
멀어진 거리에 안개가 내린다

너의 희망과 나의 소망은
공기의 공명에 떠 있는 안전거리

벌어진 거리에 눈물이 내리고
불안정한 거리에 눈꽃이 나린다

숨소리 충돌할 때마다
눈부시게 쏟는 매화꽃 고아한 자태

새벽길의 야누스

나 이제야 알았다오
무심코 지나친 모퉁이에
사랑과 미움 두 개의 얼굴을 지닌
야누스의 석상이 서 있는 것을

억겁을 지나 차디차게 굳어진 바윗돌 가슴에
서늘한 정을 쪼아 새긴 두 얼굴
몸은 붙어 한 몸이되 반대편을 바라보는 슬픈 두 얼굴
야윈 자화상을 보는 듯하였거든요

그러나, 그러나 말이에요
하나인 듯 둘인 머리 위에
한 마리 비둘기가 두 얼굴을 감싼 듯 앉아 있었어요
애증의 깊은 강을 건너던 새벽길에
기묘하게도 마음의 평정이
두 눈에 타오르는 불길처럼 번지기 시작했어요

그래요, 그래요
야누스의 석상을 쪼은 것은 내 모자람이었지요

이제 당신의 얼굴을
아니, 아니 내 얼굴을
당신에게 돌려 같은 꿈을 꾸는 삶이 될래요

오!
새벽 해가 떠오르니
두 얼굴 위 비둘기가 푸드덕 날갯짓을 하네요
세상이 온통 사랑으로 활활 타고 있네요

어른이 된 꽃망울

물빛 가르는 향기에 내리는 온정
부끄러운 손 모다 은모래 뿌리고
그대 손은 몽돌자갈 고르네

감미로이 부르짖는 오롯한 첫 정에
반짝이는 꽃가루 쪽빛 바다 덮고
수줍은 꽃망울도 발갛게 모여드네

사뿐 사사삭 올려놓아
'날아갈까' 하늘거리는 아련한 얼굴
찰랑찰랑 코발트빛이 안아 주고
그을린 황금 모래 살그머니 쓰다듬네

지구 반 바퀴 돌아선 바다엔
먼 옛날 산타마리아호는 보이지 않고
윤슬이 되어 버린 그와 그녀
아 평화로워라
어른이 된 꽃망울

예순세 번째의 사유

집을 수 없던 개미를 잡아 본다
생각으로
여름날

말문을 열지 못한 다홍빛 시간을 돌려 본다
생각으로
가을에

읽을 수 없던 활자를 읽는다
생각으로
겨울밤에

그림자에 숨어온 고약한 숨소리
창문 열어 활개 친다
봄 깊숙한 날에

아
말간 하늘

사유의 속박에서 벗어난 문맹의 자유
그 속에 꽃 피우는 탈피된 자아

한여름의 비애

빛의 비행으로 사멸하고 마는
치명적인 삶
숲속 반딧불이

암컷이 발하는 빛의 부름에
생애를 태우는 파닥임
서로를 향한 애정의 빛에 이끌려
세상을 등지고 말았다

인공지능이 현란한 빛을 발하고
숨 고르기 하던 반딧불이 난자당한 흔적은
챌린저호의 영혼 없는 파편

여전히 맴도는 어둠 속의 별들은
반딧불이 살리울까
빛을 잃어 가고 있는 지구여

빛을 잃은 절망은
감당할 수 없어 눈부시게 떨리는
눈물 꽃으로 개화하는 중인가

지구를 지키려는 생명의 빛이여

흐름의 변주곡

은밀히 다가온 여름에
강렬한 빗소리는 요란스럽고
늘어진 장마철에 허락된 시간
너만의 체취로 머리에 길을 얹는다

함부로 나서는 일도
어깨 너머 궁금증도
먼저 달려들지 않는 너는
비밀스런 솜사탕의 옷을 겹겹 입는다

흐름 따라 움직인다
오늘
종내는 내일을 위한 오늘이다
거칠지 아니하나 세찬 비

여름이 연주하는 변주곡

B에서 Z에게

길 잃은 빈손에서 열쇠를 찾고
길 잃은 추억에 열쇠를 돌린다

세월이 더해질수록 색감의 유혹을 안겨주는 맵시 좋은 멋진 친구
바늘 한 땀 미소 한 번, 또 바늘 한 땀 미소 행복 퍼트리는 은은한 친구
엑티브하면서 유아틱한 내면이 아직도 어린애인 순수한 친구
아름다움은 형상이 아니라 내면의 배려 담은 눈동자로 그윽이 표현해 주는 친구
삼십 년 이상 자리 한 번 떠나지 않고 든든히 변함이 없는 친구
일 년에 두어 번, 그나마 여행지에서 만나도
매일 보는 친구처럼 계절 음식 꼬박꼬박 챙겨 주는 솜씨 좋은 친구
허약하면서도 날 더 챙기는 동병상련의 친구
은은한 향수를 좋아해 이십 대부터 곁에 있기만 해도 내게 전달되는 분향보다

더 강렬한 우정의 향내를 스며들게 해 꼬박 날 집어넣은 욕심 많은 예쁜 친구
찻 자리 단아하게 내리는 자태의 친구
리듬감 속에 열정의 에너지 매일매일 분산시키는 매력 덩어리 친구
촌철살인 같은 충고를 아끼지 않는 친구

판도라의 문이 열리고
길 잃은 빈손을 채운다
A에게

바다만 아는 비밀
'明鏡' 3부

갑동 배롱나무

골 깊이 주름진 계룡산 아랫마을엔
익숙하면서도 산뜻한 바람이 있다

여름내
타오르는 열정을 발산하던 배롱나무
훌훌 잔가지 내려놓고
새벽 찬 서리에 정갈히 세수한다

초록이 빚어낸 갈색 죽음
집 나간 마른 가지 바람을 꼬여
뫼 있는 곳으로 '후' 날아간다

여든 해 즈음 지켜 온 나무
가물거리는 얼굴 외로이 남겨 둔 채
표정 없는 등에 그리움 새기고

배롱나무에 매달린 어린 자식들
그리움 꽃이라도 담고픈 애절한 맘

그리운 숨소리

묵언과 동거하는 느린 품새
숨소리보다 크게 들리는 책장 넘기는 소리
마우스 너머 흑백 돌 옮기는 소리 타닥 타다닥
곰삭은 얘기들, 긁어 주는 동반자 잃은 좁은 등

공간을 지배하는 유·무명인들의 목소리
왁자지껄 거실 가득 채우는 TV 동거인들의 소음
이빨도 발톱도 빠져나간 그의 정글엔
홀로 맞는 시계추 소리가 짊어지기 버겁다

형광등 전원 스위치를 끄고
TV 볼륨을 높이고
같은 자리 같은 동작으로 식사를 하고
세월을 잡으려 필사를 하고
버거운 시계추 이기려 인터넷 바둑을 두고

누가 온단다
그제서야 TV를 끈다
딩동

보청기를 빼놓았을까?
쾅쾅 현관문 울리는 소리에 일어선다
숨소리가 반갑다

이른 저녁은 습관처럼 오고
등 긁어 줄 이 없어 밤새 꺼지지 않을 불을 켜고
세월을 잡기 위해 필사를 한다
잔소리 같은 TV 소리 맘껏 올려
반쯤 누워 기댄 채 자는지 조는지
하얀 달 찾아든 날이 오면 얼굴 보러 가야지

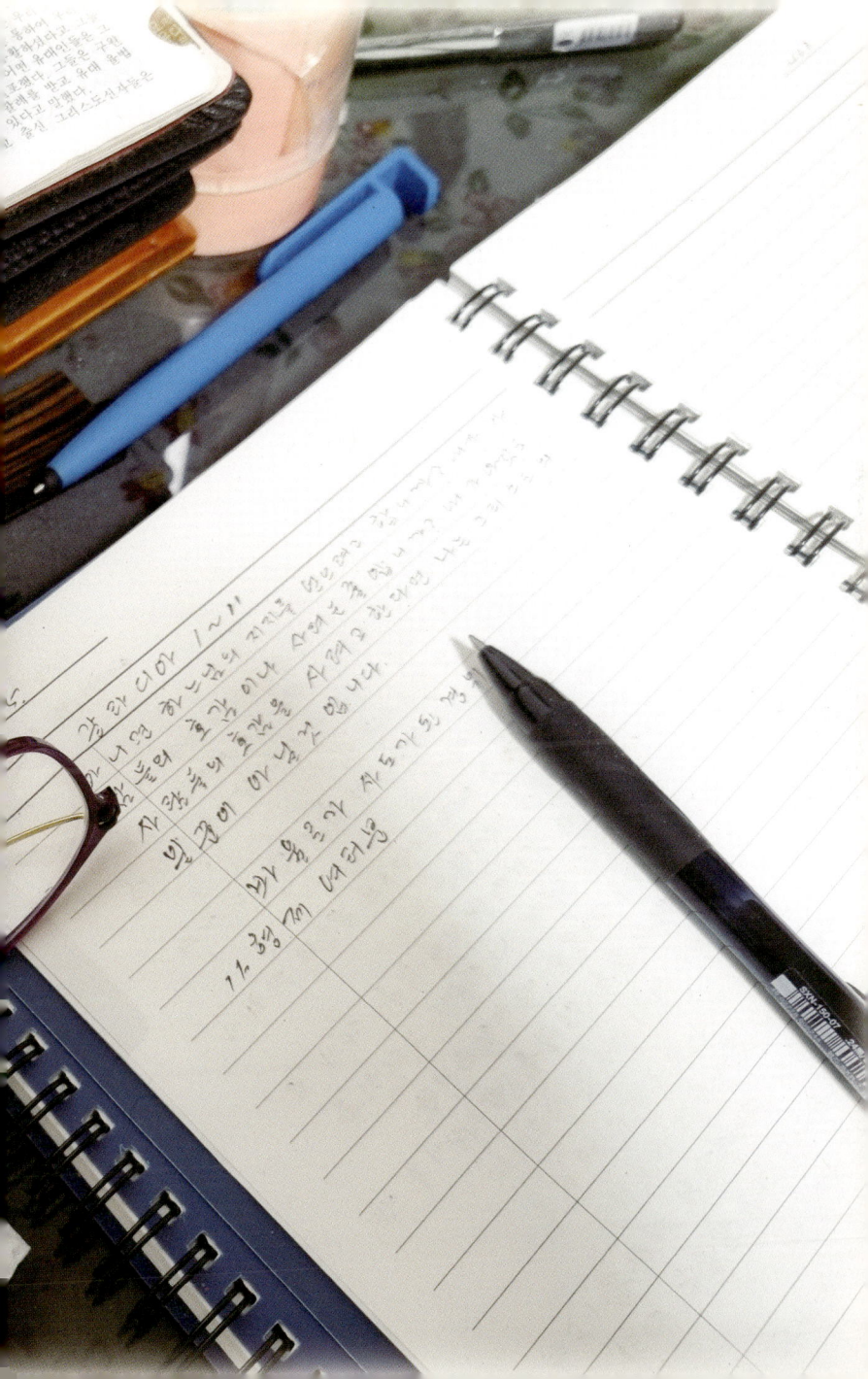

근원

물빛인가
소금 꽃이련가
진동하는 짠물이 뚝뚝

물질에서 나온 망사리를 꿰어 찬 늙은 손
벚꽃 날리듯 나리는 겨울의 눈송이는
마른 가지에 매달린 고단한 눈을
포근히 감싸 주고 있나

유난스럽게
망각이어도 미망이어도
개미를 밟지 못한 땀 흘리던 여름날을
그리움 떠나지 못해 자꾸만 돌아다보네

소금기 밴 땀은 살아온 가을날인가
소금기 밴 땀은 살아온 겨울날일까
아니
여전히 소생하는 희망의 봄이련가

짠 맛일까
짠 맛일까
물질을 해 보아야

노을이 쓸리는 환영

순간을 살짝이 망각할 뿐
사실
매 순간순간이 아름다운 날들이지
변신하는 계절의 파노라마
아침저녁 다르게 불어오는 공기

투정하면 투정한 만큼 못생긴다는 속설에
꿋꿋하게 앙다물고 부풀리는 애기씨

아!
멋스러운 세상에
어찌나 많은 아름다움을 받는지
찬 서리에 칼바람 스치우고
유혹의 가시 돋힌 언어가 박히어도
쉽게 드러내지 않은
본연의 부드러움이 있음을

기름 모두 짜낸 28개 모과 속 콩순이는
동지 밤 긴긴날

님 기다리는 새 각시 눈물처럼 떨어지지

마루턱 너럭바위에 올라선 애기씨
쓸려가는 노을 속으로 사라져 간
서대는 애신랑 모습 놓을 수 없지
그 순간순간의 향연이지

바다만 아는 비밀 '明鏡'

달빛은 스러진 지 이미 오래전
비를 품은 포구는 냉정하다
실밥 풀린 닻줄은 인고의 세월일까
응알대던 소리는 포구를 떠나고
멈출 것 같지 않을 요란한 물소리만
시퍼렇게 숨을 쉬고 있다

고요한 수면이 힘겨워질수록
넓어지는 백설의 세상
용솟음치는 새하얀 낮달의 몸부림
잉태를 위한 기다림의 지배자는
격정의 숨소리를 멈추게 하는 주술사

정적이 흐르고
은빛이 깨어난다

물빛 소리 흔들거리며 속삭이고
서두르지 않은 고요가 귀 기울이듯 다가오면
매무새 단정히 한 스러진 달 오르고

오후를 다 잡아먹은 바다에
줄기 곧게 선 쪽이
멀리 있는 하늘을 휘젓고
티 한 점 없는 명경을 띄운다

* 쪽 : 쪽빛 하늘색을 내는 식물(염료에 쓰이는 식물)
* 명경 : 밝은 거울, 이승과 저승을 바라보는 거울

베론 성지에서

심 깊은 호수는
눈물이었을까

노송의 그늘은
그리움일까

그늘 막 되어 준
흐르는 붉은 눈물

그 곳에
합장하는 십자가의 길이 있다

어수선한 한숨

두려운 이별 앞에
사무치게 빛나는 기억들

깨어진 희망 사이에
잊지 말라 사무치는 애절한 아픔

저 달 차오르면 손짓하지 않아도
물망초는 살랑대고
열닷새 또 자고 나면 흩어지는 수선화

건조한 고독에
사로잡힌 울부짖음
은빛 내린 주름에 묻혔다

옥인동 앵두꽃 2

한 세월 힐끔

옥인동은
한 세월이 아닌
그냥 옥인동이다

바람이 스삭댄다
행여 들킬세라
담장 아래 자그마한 유리병
붉은 바람에 실려 온 추억 속 향내

담장 너머 묻어 둔 그리움에
보이지 않는
앵두꽃 행복 깊어만 간다

옥인동은
여전히 발그레한 옥인동이다

입양

그늘을 주고
향기를 주고
바람도 주고
여름 내내 쉴 틈 없이 부지런했다

날 데려가 달라고
친구들보다 한 주먹 더 웃고
친구들보다 한 발짝 더 소리 내며
선택되기를 기다렸다

식구 많은 집 말고
조촐한 노부부 댁 기쁨 된다면 오죽 좋을까
보름달에 소원하니
노부부 댁 귀염둥이 선물 되었다

갑옷 벗고 허연 피부 드러내
오물오물 가을밤에 배부른 마슴 되었다

* 어머님! 틀니 빼고 드실 수 있건만 멀리 가 계시군요

바다를 닮은 연인 4부

노을꽃 피던 날

(1)

  미처 숨지 못한 잡초 사이에 복수초 너그러이 피는 계절은 가고 삶의 깊이를 새긴 검버섯 기억하는 얄궂은 해바라기 계절이 온다.

  푸른 깃 주름 없는 바다에 두려움 잠재우고 세월은 고요하기만 한데 하늘빛 물들이고 떠나는 노을

  온전히 내 몫이 된 그리움은 여전히 볕에 그을린 뜨거운 눈물이다.

(2)

　기울진 담벼락에 기댄 홍조 띤 노을은 솟아 있고 그 아래 키 작은 채송화가 보이면 이내 우윳빛 앞치마 두른 엄마는 두 팔 벌려 반겨 주었다.

　툭툭 흙먼지 털어 주시며 사 남매 이름 새긴 숟가락에 조물조물 묻혀 낸 사랑의 손놀림은 언제나 공평했다.

　우애 좋기로 소문난 박 과장 댁 2남 2녀는 조부모님 품성 탓인지, 부모님 인성을 닮은 것인지 4인 4색의 재주도 남달랐다.

그림 그리기와 피아노를 좋아하던 맏딸은 여고 시절 부모님과 선생님 동의 없이 무단 조퇴하여 기차표를 예매해 서울 전시회에 다녀오기도 했으며 둘째는 클라리넷 연습을 한다고 옥상 위로 올라 우리 가족뿐만 아니라 동네 사람들의 귀를 몹시도 힘들게 했다.

막둥이는 동네 아이들의 딱지며 구슬을 치는 내내 승리자가 되고 골목대장으로 유난하더니만 사회인이 되어서도 큰 역할을 턱턱 해내고 있다.

비교적 조용했던(그 시절 학적부에는 별다른 특징이 없으면 내성적이라 기록함) 셋째는 책을 좋아하고 그녀의 엄마가 모델이었다.

엄마처럼, 엄마의 30대, 40대, 50대처럼, 두 다리가 불편하여 거동하지 못한 구순을 바라보는 나이의 엄마처럼 닮아 가고자 했다.

그날까지도 닮고 싶었다.

임종은 아직도 구름 속에 있다.

매일 주고받는 음성은 부유하며 하늘에 오르는가 싶으면 바닷속으로 숨어 버리고 만다.

한여름 잘 익은 포도를 닮은 바다와 어머니 탯줄로 이어진 양수 같은 하늘이 맞닿아야 숨을 쉴 것만 같다.

(3)

흰 벽을 마주하고 섰다.

타다 타다 미련으로 마른 바싹한 가슴에 이슬이 그리워 달을 거르지 않고 바다 가까이 간다.
위태롭게 매달려 있는 탯줄의 근원은 바닷속이었을까?
벗어나지 못한 사랑 속에서 오늘도 처음 온 어제처럼 물살을 쓰다듬는다.

오월이 가고 태양의 달도 깊어 시들은 꽃잎들 비명도 못 지르고 객사한다.
어쩌다 재빠르지 못해 그늘 무덤도 찾지 못한 늙은 장미 잎 떠받쳐 준 이름 모를 이파리가 고맙다.
생명을 다한 꽃잎을 무명천에 소복이 담아 길들인 주전자에 얹어 본다.
끓어오르는 삶에 내 이야기가 있고 식혀 내는 삶에 우리 이야기가 어느새 놓여 있다.
그냥 길 따라 걷다 보면 담벼락에 그림자 지고 그냥 길 따라오다 보면 자유롭게 선 그은 담벼락에 볕이 간질이고 위로의 바다에 떠받힌 노을 위로 설렘은 초경이다.

나는 바다이다. 나는 자연이고 싶은 생명체인가, 나는 숨이 끊어져도 퍼득대는 검은 그림자였다가 흰 그림자가 되는 전설이다.

기울진 담벼락에 스며든 미소는 포근한 양수이다.
양수는 종착역이 존재하지 않는 파아란 바다이다.

바다를 닮은 연인

평화로운 들녘이 있는 하늘 가까운 곳에 도착한다.

지난해 가을빛에 물들은 목초지를 추억하며 마방목지에 오니 바닥엔 새하얀 눈이 앉아 있었고 산책 나온 바람이 들판을 휘젓고 있다.

지금이 아니면 다시 오지 않을 오늘의 곳곳은 여행자의 발을 바쁘게 한다.

눈으로 보고, 걸음을 옮기고, 사진을 찍곤, 가다가 멈추기를 반복한다.

첫날 상상했던 일몰은 역시나 편협한 여행 일정임을 시인하게 하였고, 빨리 온 노을을 산 너머 아니 바다 가까운 섬마을 너머에 있는 풍경으로 대신하고 말았다.

　둘째 날 이른 시간에 도착한 분화구 능선은 잘 정돈되어 있는 제주의 얼굴처럼 상쾌하다. 우리의 기다림은 청춘의 연인인 양 설레기 시작한다. 황금색이 되기 위한 바다의 준비를 보다가 산란하는 빛의 세상을 더 품고자 서둘러 광치기로 향한다.

　남은 일출 예상 시간은 5분!

　햇귀가 퍼진다.

　빛이 산란한다.

　부지런한 이들 속에 우리도 바다를 닮은 사람으로 물든다.

　세상 어디라도 좋았다.

  저 황홀히 오른 바다 위는 나의 심장이며 존재함의 현 주소임을 뜨겁게 느낀 후, 해안을 돌아보다 궁금하여 멈춘 곳에 세월의 흔적과 바닷물을 떠나지 못한 해녀들의 '불턱'을 본다. 수해 전 도댓불이 내 가슴에 내려와 쉼 없이 호흡을 같이하였건만 숨비소리 묻어 둔 또 다른 곳을 이제야 알게 됨은 이번 행로에 주어진 또 다른 가슴이다. 망사리를 꿰어 찬 해녀들의 숨비소리가 인도하는 과거 여행을 위해 두 눈을 감아 본다. 바다를 닮은 연인은 해녀들이 탈바꿈을 한 곳을 알아차린 후, 몇 번의 '불턱' 그 은밀한 곳을 발견하게 된다.

  그렇게 해안 도로 곳곳에 있는 '불턱'을 찾아내며 비로소 바다에서 만났을 그녀들의 가족들…. 육지를 벗어나고자 해도 본인들은 떠나지 못해 자식만이라도 도회로 보내고자 물질을 끊임없이 멈출 수 없었던 피부색을 잃은 망사리 여인들. 물빛에 물드는 노을이 차오를 때까지 종일 해안을 떠나지 않은 날이다.

---

* 엉 불턱 : 불턱은 해녀들이 옷을 갈아입고 바다로 들어갈 준비를 하는 곳이며 작업 중 휴식하는 곳이다. 이곳에서 물질에 대한 지식, 물질에 대한 요령, 어장의 위치 파악 등 물질 작업에 대한 정보 및 기술을 전수하고 습득한다. 엉 불턱은 종달리 전망대 옆에 있는 자연 불턱으로 염소머리라고 불리는 바위가 있으며 '염소부리코지'라고 부른다. 바위 하부 동남쪽에 제주어로 '엉'이라 부르는 움푹 들어간 곳을 불턱으로 사용하였다고 한다.

 삼 일째 되는 날은 바다 빛을 담은 제주의 낭과 바다 빛을 받은 초록 길이다.
 판포포구의 일출을 여유 있게 지켜보며 사위를 밝혀 주는 아침 햇살 속에서 붉음과 초록을 만끽하고자 지도를 펼쳐 의견을 나눈다.

'뉘 집 돌담은 붉은 홍이외다

뉘 집 안채는 뜨끈한 구들일 거외다

뉘 집 마을은 먼바다가 들려 주는 소리로 도란도란 이바구 할 거외다'

붉은 입술 뚝뚝 떨어뜨리는 동박낭(동백나무의 제주말)을 찾아 남원읍 위미리에 들어서니 청춘은 이곳에 만원이다. 프리마켓에서 맘에 드는 모자를 써 본다.

고개를 돌려 보니 눈에 띈 두 여인의 마주 보는 셀카 놀이가 어찌나 이쁘던지, 그녀들은 동백처럼 푸르고 붉은 강렬한 청춘의 열정을 위미리에서 맘껏 표출해 내고 있었다.

바라보는 것만으로도 우린 청춘이 된 듯, 붉음 속에서 웃기지 않은 일에도 함박웃음으로 즐겁기 그지없다. '헤르만 헤세'의-여행을 떠날 각오가 되어 있는 사람만이 자기를 묶고 있는 속박에서 벗어날 수 있다-말이 떠오른다. 나이라는 구속된 사회의 위치에서 사춘기 소년, 소녀가 되고 청춘이 되고 맞선 보는 나이도 되고 신혼의 달콤함도 가져 본다. 많은 곳을 들르지 않아도 한곳에 머물러 삶의 파노라마를 그리며 마치 판도라의 상자를 조심스레 여는 두근거림의 맥박을 찾아보는 시간들이 지금이다.

 청춘을 맘껏 즐긴 후 초록의 길로 들어선다. 한라산 기슭의 버려진 돌무지 땅을 개간하여 차밭을 조성한 제주 다원 역사가 시작되었다는 곳이다. 아침 햇살을 받았을 때, 얼마나 싱그럽게 반짝이며 숨을 쉬었을지 상상해 보며 끝없이 펼쳐진 녹색의 세상 가운데에 있다.

 고요에 떠는 잎들이 차오르고 있는 차밭은 원숙한 삶의 길이다. 하늘에 닿지 않아도, 바다에 푹 담그지 않아도 하늘과 바다 사이에 성장하는 우리네 모습처럼 표 나지 않은 성장과 탈출을 재현 중이다. 빛을 받고 찬 서리 이겨 내며 밭을 떠나지 않은 낮은 나무가 평화를 부른다. 신념도 채

워 준다. 바다의 달을 매일 바라보는 가녀린 잎과 가지의 자람이 숨 쉬는 고요를 들려준다. 열정도 쉬어 갈 수 있는 차밭에서 바다의 노을을 바라볼 수 있는 행운을 쥐어 본다.

 다음 날, 선명한 일출을 법환포구에 기대하며 실내등에서 벗어난다. 법환포구는 부지런한 낚싯배들이 간격을 두고 바다로 나가고 있었다.
 바다 한가운데서 맞이할 어부들의 마음은 어떠할까? 몸매 좋은 은빛 갈치로 풍어를 바랄까? 제철인 방어와 큼지막한 참치를 잡고 싶으려나? 멀어져 가는 어부의 배가 돌아올 때 나에

게 없는 시간을 아는지 모르는지, 포말을 일으키며 꼬리를 내는 배를 오래도록 본다. 옛 제주 어민들은 그날 하루 만의 식량을 건져 올리려 바다로 나갔을지도 모른다. 때마침 눈에 들어온 방파제 끝 젊은 연인은 하얀 패딩으로 둘만이 정겹다.

  조용한 일출이 내게로 또 들어온다.

  바다의 달을 만나기 전은 늘 설레임이다.

2019. 2. 10
34주년 결혼기념일에

바다를 닮은 연인 4부

바다의 달을 만나기 전

　매일의 낮과 밤, 밀려오는 포말 앞에서 지그시 눈을 감고 무엇을 생각하는가?
　헤아릴 수 없는 모래 알갱이 위에 서서 두 발을 지탱하며 내일의 사념에 빠져 본다.
　무심코 발에 걸린 돌멩이 하나, 구르는 소리에도 내 안의 세포들이 화들짝 깨어난다.
　서 짙푸른, 깊숙한 내면의 속삭이는 소리!
　지극히 은밀하고 사적인 순간을 들여다보면서 가만히

속삭이듯, 내밀한 이야기를 탄생시키는 바다.
  태양이 왜 태양인 줄 아느냐고 외치며 뽐내던 모든 여름날은 특별하다.

제주 구석구석의 민얼굴을 맞닥뜨리고 시어(詩語)를 건져 내고자 하는 욕구는 달이 바뀔 때마다 계절이 달라질 때마다 매번 다른 갈망으로 다가온다.

항공사의 기내 잡지에 소개된 비오토피아 박물관을 본 순간 내 손은 이미 항공사 예약을 서두르고 있다.

떠나기 하루 전, 깊은 그리움을 시샘하는 하늘의 몸부림이었을까?

세차게 퍼붓는 비 그리고 바람.

아침이 되니 언제 그랬냐는 듯 화창하다.

드디어 출발이다. 공항으로 떠날 채비를 서두른다. 비포장도로를 지나쳐 물을 건너니 하늘길이 안착시켜 준다. 이제는 익숙한 차량 렌트를 하곤 망설임 없이 2시로 예약(예약 필수)한 비오토피아 박물관으로 향한다.

수·풍·석

한곳에 있어도 떨어져 있는 그네(수·풍·석)들은 빛바랜 우아함으로, 방문하는 이 바람으로 맞이하는가.

봄꽃 피우는 시침은 세월 타고 아지랑이 바람에 동승하여 나보다 먼저 산을 넘어 보고 있다.

임 떠난 숲길을 밀려내고 이끌려 오듯 너무나도 태연한 뻔뻔한 볕으로 또 한 번 바람을 가른다.

어째서 잔잔한 기쁨은 매 순간 놀랍도록 파동이 일며 내

속을 멍들일까. 조심스레 다섯 손가락 모아 쉬이 쉬이이
~~ 지나치는 바람에 얹어 본다.

• 석(石) 박물관

 첫 번째 두드림은 '석' 박물관이다.

 부식된 철 구조물은 그대만의 세상 속 한숨과 쏟아진 눈물, 모진 바람 견디며 아름다운 세상 듬뿍 안고 있으라. 태양의 시선을 따라 그리고 실내에선 다른 빛으로 그리운 사랑의 꽃 한 송이 피운다.

 문고리 없는 문은 작가 이타미 준의 개성으로 표현되어 있다. 마음에 꽃향기 퍼져 나는 들판을 지나다 보니 이미 져버린 유채꽃 보여 주지 않아도 고맙다. 떨리는 삶의 향기가 가득하다. 애환마저 바람 소리에 묻어가고 있다.

 그대 허락해 준 이곳, 사철 푸르른 꿈속으로 잠시 눈 감아 본다.

· 풍(風) 박물관

 두 번째 두드림, '풍' 박물관을 만난다.
 바람 소리 침묵을 깨고 곱게 오신 임들의 영혼을 깨운다. 붉은 소나무는 제 살 내어 주고 이제 빛바랜 나무색으로 너그럽게 자리한다. 살짝 휜 곡선의 의미는 나름대로 사색해 보길 권한다.
 겹겹이 여며도 새 나가는 바람의 호기심일까? 그 수만 배의 희망도, 소망도 한껏 펼쳐 보라. 조용히 자리 잡은 생각의 돌은 방문자에게 허락된 의자이다. 많은 사람이 안고 가는 그림자들이 담겨 있을까? 보이지 않는 환영을 떠올려 본다.
 너른 평지를 제주 하늘 아래에서 만나고 햇빛에 목마를까 봐 이어진 데크길 옆으로 물길도 보인다.
 방문자의 모습은 작은 연못에 또 다른 흰 그림자로 반영된다.

· 수(水) 박물관

세 번째 두드림, '수' 박물관이다.

어떤 계절에도 흔들림 없이 해시계처럼 빛을 그려 낸다. 자연과 인간이 한 호흡으로 이곳에 있는 것 자체가 작품이라는 듯 영원성을 구현한 '이타미 준'.

"혼자서 외롭더냐고? 그렇지 않아. 자연과 네가 작품이야!"

하늘과 만나는 시선에 꽃이 지고 또 피어나고 있다. 지는 꽃조차 세상의 아름다움을 넘치도록 보여 주어 고마웠다고 말한다.

꽃이 피어오른다. 탐스럽고 향내 좋은 향연에, 푸르디푸른 자연의 예술 걸작인 하늘에게 감사하다고, 놀랍도록 두근거리는 마음이라고 전해 온다.

이곳에 오는 이유가 있느냐고 묻는다면 바다만을 안고 있는 제주가 아닌 삶의 탯줄을 이어 주는 어멍 할멍의 제주이기 때문이라고 대답할까?

숨비소리 엉불턱 끼고 아련하게 들려오는 제주가 벌써 그립다.

이곳을 방문하는 자에게 또 하나의 행운이 있다면 박물관에서 100m 정도의 옆에 있는 방주교회를 만날 수 있다는 것이다.
 물 위에 떠 있는 교회는 햇살 좋은 날 유리마다 낯선 듯 자신의 모습을 비출 수 있는 곳이며 가을이면 핑크 뮬리 곱게 물드는 또 다른 이색 장소이다.

• 방주교회

* 비오토피아박물관 예약 : 오전 10시 20명, 오후 2시 20명 제한으로 1~2주 전에 예약 필수

육신의 파시를
넘어서 5부

달을 쫒아 바다로 간다

영혼의 빛을 찾아 하늘로 간다

바다국에서

글을 쓴다

1. 지켜봄

경식의 書(2) '눈물의 토카다' / 배경식

사랑하는 사람아!
삽십칠 년을 이토록 사랑하였다면 바위 위라도 작은 꽃송이송이 피웠을 게야
가끔 되뇌었지
전생에서 생명의 은인을 이생에 만나 부단히 은혜를 갚는 것은 나의 숙명이라고

사랑하는 사람아!
삽십칠 년 머리를 길렀더라면 베틀에 짜서 늘 얼어 있는 당신의 손과 발을 따스히 감싸 줄 수 있었을 텐데
가끔 되뇌이곤 했지

사랑하는 사람아!
먼 옛날 백결선생의 방아타령처럼, 중섭의 은지화처럼 고뇌 속에서 빛을 발하는 그 광채를 닮고 싶소

기타에 내린 '갈 곳 잃은 뫼'는 '내 눈물의 토카타'가 되었소
 당신의 주옥같은 시에 섣부른 가락을 불러 보며 조용히 퉁겨 보는 기타 소리에 눈물이 흐르는군요
 가끔은 다시금 되어 당신에게 감동하고 응원하오

 당신의 시와 나의 노래는 심장을 두드리는 타종이라오

 좋은 시와 노래는 사람의 마음 깊은 곳을 두드리는 감동이라잖소
 시향에 젖은 마음이 소중한 사람들에게 위안이 되리라 믿소

2022. 6. 21
裵卿植

떠나보낸다
태양이
떡방아 찧으려 자꾸만 달에게로 간다

2022. 4
朴銀仙

2. 바라봄

정독(精讀) / 강형일

당신의 마음을 읽습니다
첫 시집을 조심스럽게 넘기며
당신의 일기를 훔쳐봅니다

경건한 손길로
글자 너머를 바라다보며
잔잔히 나부대며 읊조리다가
깊은 바다 밑 해초처럼 일렁이다가
사금파리처럼 반짝이는 시어의 비늘
육신의 파시를 넘으면 열리는 영혼의 텔레파시
언어의 난장에 빠져
당신의 행로를 함께 걷습니다

어쩌면
꿈길도 나란히 날 수 있을까요?

당신의 혈관 속을 헤엄칩니다
첫 문장부터 끝 단어까지

헤엄치는 비늘은
내장을 보이지 않는다
난도질당하거나
가로누워 떠다닐지라도

2020. 6
朴銀仙

3. 느껴 봄

언니에게 / 박미경

언니의 시를 읽으며 많은 감동을 느꼈어요.
한마디 말로 표현하는 것은 예의가 아닌 것 같아서요.
언니가 섬세한 분이라는 건 알았지만
시를 보면서 언니를 더 자세히 알게 되는 느낌이에요.
시의 제목들도 다 좋네요.
여행을 통해 느꼈던 많은 느낌들이 시로 탄생하는 것도 새삼 신비롭고, 먼저 접했던 시를 시집으로 재회하니 그 감동과 느낌도 새롭네요.

어머니를 그리워하는 시들은 읽으면서 마음이 뭉클했어요.

경식의 서가 많은 이들에게 호응 받는 이유는 진심이 담긴 글이기 때문일 거예요.

유명 시인들도 시집 발간을 통해 배우자에게 이런 연서는 받지 못했을 거예요.

선생님 정말 최고!

붉은 양귀비 핀 날에
하얀빛 가슴에 물들고
시간의 기억을 담는다

2022. 5
朴銀仙

4. 사색해 봄

색의 발원 / 이현재

그녀라는 색의 발원
내면으로부터 오는
푸른빛을 가지려는 바다의 속성을 닮았다

아득히 잠긴 수면 아래
파란 물감을 풀어헤치는 찰랑이는 힘

사랑의 빛깔이 전하는 휘발성 강한 몰농도
찬란한 파랑을 뒤흔드는 바람의
자유로운 춤사위

하얀 날개 파닥이며 손짓하는
등 굽은 백사장 모래톱 사이에 낀 빛의 역광에
반짝이는 하얀 조가비의 진실

사그락거리며 모래언덕을 기어오르는
하얀 포말에 묻어난 그녀라는
또 다른 색의 발칙한 도발

정적이 불러내는 폭풍의 눈을 겨냥해
눈을 찔러
눈만을 찔러
타고난 그림자를 담아서

2022. 4
朴銀仙

5. 멈추어 봄

집으로 간 보석 / 작가의 말

등불처럼 처음 온 진실한 1월이
수줍은 듯 고개 숙인 얌전한 순결을 깨운다

하늘이 바다를 깨우고
바다가 하늘을 잠재운다

가넷과 진주의 꽃피움에서
맑은 아쿠아마린은 마냥 행복하고
푸른 바다 닮은 사파이어도 빛을 발한다

나의 어머니
나의 딸

바다가 하늘을 깨우고
하늘은 바다를 잠재운다

대물림된 고통의 덩어리는
심연에 피어오르는 연기를 내뿜고
빛나는 보석으로 목젖을 넘긴다

땀방울 쓸어 낸 너른 바다
하늘이 평정한 바다
바닷속 용궁은 어머니의 품

2022. 4
朴銀仙